COLLECTION

DE

Feu le Docteur **PAUL DUBOIS**

# TABLEAUX MODERNES

## AQUARELLES & DESSINS

PAR

BOUDIN, COROT, COURBET, DAUBIGNY, DELPY, A. GILL, LATOUCHE, MONET, PILLE, RENOIR, TROUILLEBERT, ETC.

## FAIENCES ANCIENNES

de **Rouen, Moustiers, Nevers, Strasbourg, Delft**, etc.

## PORCELAINES

Buste par Carrier-Belleuse. — Bronzes de Barye.

*Émail de Barbedienne. — Objets de Fantaisie.*

## LIVRES

De Littérature et de Médecine — PUBLICATIONS de LA VILLE DE PARIS

DONT LA VENTE AURA LIEU

## HOTEL DROUOT, SALLE N° 4

***Le Mercredi 28 Novembre 1883, à 1 heure 1/2***

Par le ministère de **Me Robert LE SUEUR**, commissaire-priseur
29, rue Le Peletier, 29.

EXPERTS :

| *Pour les Tableaux et Objets d'art :* | *Pour les Livres :* |
| --- | --- |
| **M. F. JACOB** | **M. MARTIN** |
| 18, boulevard Montmartre. | 18, rue Séguier. |

*Chez lesquels se trouve le présent Catalogue.*

EXPOSITION PUBLIQUE

**Le Mardi 27 Novembre 1883, de 1 h. 1/2 à 5 h. 1/2.**

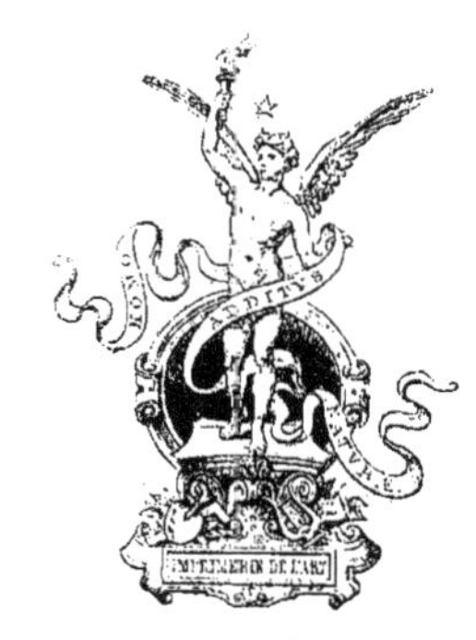
ADDITVS
IMPRIMERIE DE L'ART

# CONDITIONS DE LA VENTE

---

Elle sera faite au comptant.

Les adjudicataires payeront *cinq pour cent* en sus des enchères.

L'exposition mettant le public à même de se rendre compte de l'état des objets, aucune réclamation ne sera admise une fois l'adjudication prononcée.

---

## AVIS

La Vacation commencera par les livres.

---

Paris — Imp. de l'Art, J. Rouam, 41, rue de la Victoire.

# DÉSIGNATION

## TABLEAUX MODERNES

### BOUDIN

1 — *Marine.*

2 — *Marine.*

3 — *Marine.*

### BLIN

4 — *Paysage.*

## BARÉ

5 — *Les Blés.*

6 — *Allée en forêt.*

## COROT

7 — *Paysage.* Étude. (Vente Corot.)

## COURBET

8 — *Marine.*

## CAUCHOIS

9 — *Fleurs.*

## DAUBIGNY

10 — *Les Bords de l'Oise.*

## DELPY

(H. C.)

11 — *Paysage; soleil couchant.*

12 — *Un Coin de forêt.*

13 — *Bords de la mer; clair de lune.*

14 — *Paysage.*

## DIAGUE

15 — *La Promenade; effet de neige.*

## GUTTINGUER

16 — *La Butte Montmartre.*

## GUIGOU

(PAUL)

17 — *Bords de la mer.*

## GIBBON

18 — *Paysage.*

## GARNIER DE GRASSIN

(Mlle)

19 — *Fleurs.*

## HEILT

20 — *Étude de concours.*

## JEANNIOT

21 — *Bords de rivière.*

22 — *Paysage.*

## LATOUCHE

23 — *Bateau de pêche.*

24 — *Bords de la mer, avec barque.*

25 — *Marine.*

26 — *Sous bois.*

27 — *Violettes.*

28 — *Marine.*

29 — *Marine.*

30 — *Marine.*

## MONET

(CLAUDE)

31 — *Bateau; marée basse.*

32 — *La Seine à Bougival; effet de neige.*

33 — *Paysage.*

## MEYER

(G.)

34 — *Une Cour.*

## RENOIR

35 — *Paysage.*

## TROUILLEBERT

36 — *Paysage.*

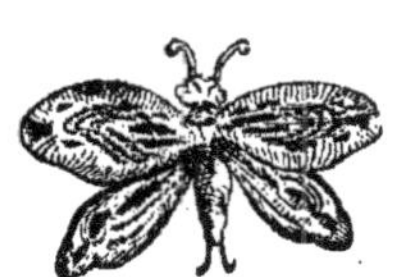

# AQUARELLES

## DESSINS — GRAVURES

---

37 — Allongé. *Sous bois.* Fusain.

38 — Allongé. *Sous bois.* Fusain.

39 — Charlet. *La Lecture.* Dessin.

40 — Courtois Suffit. *Paysage.* Aquarelle.

41 — Daubigny. *Troupeau de bœufs.* Aquarelle.

42 — Gill (André). *Épisode de la Commune.* Dessin.

43 — Gill (André). *Épisode de la Commune.* Dessin.

44 — Gill (André). *Épisode de la Commune.* Dessin.

45 — Herst. *L'Étang.* Aquarelle.

46 — Herst. *Bord d'un canal.* Aquarelle.

47 — Laperrière (G. de). *L'Étang.* Fusain.

48 — Pille (Henri). *La Consultation.* Aquarelle.

49 — Tesson (L.) *Paysage.* Aquarelle.

50 — Sous ce numéro, eaux-fortes, dessins et gravures. (Sera divisé.)

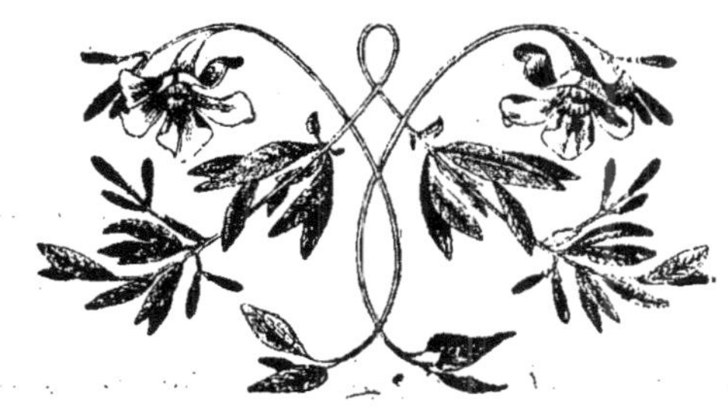

# FAIENCES ET PORCELAINES

51 — Plat octogone en faïence de *Rouen*, décor dit à la pagode.

52 — Bannette en faïence de *Rouen*, décor d'animaux chimériques.

53 — Bannette en faïence de *Rouen*, avec corbeille de fleurs au centre.

54 — Deux petits plats à huit pans découpés, en faïence de *Rouen*, décor à fleurs.

55 — Petit vase avec couvercle en porcelaine de *Chantilly*.

56 — Deux plats ovales en porcelaine de *Ginori*, décor rouge et or.

57 — Cinq assiettes creuses en porcelaine de *Chine*, décor dit de la famille verte.

58 — Bouquetière en faïence de *Moustiers*, décor d'animaux chimériques.

59 — Porte-huilier et ses burettes en faïence de *Lorraine.*

60 — Chope en faïence de *Delft*, avec couvercle en étain.

61 — Deux assiettes creuses en porcelaine de *l'Inde*, décor d'armoiries.

62 — Bouquetière en faïence de *Rouen.*

63 — Bouquetière en faïence de *Sinceny.*

64 — Jardinière en faïence de *Marseille,* décor de roses.

65 — Plat ovale en *Moustiers,* décor de personnages et animaux.

66 — Oiseau perché, en porcelaine de *Saxe.*

67 — Assiette à la Corne, en faïence de *Rouen.*

68 — Petit plat à pans, décor analogue.

69 — Deux plateaux carrés en faïence de *Strasbourg.*

70 — Assiette en *Delft*, décor polychrome.

71 — Deux assiettes en *Moustiers*, décor vert.

72 — Deux assiettes en *Moustiers*, décor jaune.

73 — Assiette en ancienne faïence : Prise de la Bastille.

74 — Plaque ovale, faïence de *Delft*, décor de personnages et paysage.

75 — Autre plaque en faïence de *Delft*, vue hollandaise.

76 — Plat en *Delft* polychrome dans un plat en bois noir.

77 — Corbeille en faïence de *Rouen.*

78 — Cornet en faïence *d'Urbino.*

79 — Vase en céladon, à panse aplatie, décor de feuillage.

80 — Cruche en faïence, fond vert.

81 — Cruchon en faïence, décor d'animaux.

82 — Grande coupe, porcelaine de *Chine*, monture en bronze.

83 — Cruche en faïence, décor de personnage.

84 — Beurrier en porcelaine, fond blanc, décor bleu.

85 — Petite vasque en faïence de *Moustiers*, décor bleu.

86 — Petite coupe en *Chine*, monture en bronze.

87 — Deux tasses et leurs soucoupes en porcelaine, fond bleu, décor d'or.

88 — Tasse et soucoupe en porcelaine d'Allemagne, décor de paysage.

89 — Coupe à fruits, en porcelaine blanche de *Sèvres.*

90 — Grand plat en faïence de Parvillée, avec buste de la République au centre

91 — Plat rond en faïence : l'Arbre d'amour.

92 — Sous ce numéro, plusieurs pièces en faïence. (Sera divisé.)

93 — Jardinière à panse, céladon vert.

94 — Dessous de plat en faïence, décor d'amours.

## OBJETS D'ART. — OBJETS DIVERS

95 — Buste de femme en terre cuite, par *Carrier-Belleuse.*

96 — Encrier en bronze. Style Renaissance.

97 — Groupe en bronze : *les Lutteurs*, sur socle marbre noir.

98 — Lion en bronze de *Barye.*

99 — Deux petits bustes en bronze sur socle, marbre blanc.

100 — Cigogne en bronze japonais.

101 — Figurine équestre en bronze japonais.

102 — Statuette de femme en bronze.

103 — Coupe à anses en bronze avec sujet en relief.

104 — Coupe ovale en onyx, monture en bronze émaillé.

105 — Deux flambeaux en bronze formé par des dragons.

106 — Plaque en émail, peint en grisaille, sujet mythologique *(Barbedienne).*

107 — Plateau creux en bois de Tonkin.

108 — Pendule de cabinet. Style Louis XIII.

109 — Aiguière et son plateau en verre taillé.

110 — Pendule borne en marbre noir.

111 — Pitong en bambou sculpté.

112 — Coupe en bronze supportée par un buste de femme.

113 — Plateau de service en plaqué.

114 — Cafetière, sucrier, pot à lait, en argent.

115 — Lustre en bronze avec figurine de danseur, au centre.

116 — Trois petits médaillons en bronze.

117 — Cave à liqueurs renfermant quatre flacons.

118 — Paire de lampes. Genre céladon.

119 — Cloche et son plateau en verre.

120 — Grosse pipe écume, monture argent.

121 — Lot de monnaies anciennes.

122 — Quatre montres argent. (Sera divisé.)

123 — Montre en or à répétition.

124 — Deux poignards, deux coupe-papier.

125 — Buste d'enfant en terre cuite.

126 — Coupe, terre de Maroc.

127 — Pot et sa cuvette, étain.

128 — Deux porte-cigarettes écaille et argent niellé.

129 — Poignard gaine, bronze.

130 — Table porte-livres en bois noir.

131 — Deux épées.

132 — Console dorée.

133 — Petite colonne, marbre griotte.

134 — Lampe juive.

135 — Baromètre acajou.

136 — Objets non catalogués.

# LIVRES

---

1 — Alphand. Les Promenades de Paris. *Paris, Rothschild*, 1882, 2 vol. in-fol. en portef. *Planches noires et coloriées.*

2 — Art de la mode. Reproduction de costumes, d'ameublements, de joyaux et d'objets d'art. *Paris*, 1880-1881, 2 vol. in-fol. cart., tr. dor. *Fig. coloriées.*

3 — Atlas des anciens plans de Paris. Reproduction en fac-similé des originaux les plus rares et les plus intéressants pour l'histoire de la topographie parisienne. *Paris, Impr. Nat.*, 1880, texte et planches en 3 portef. in-fol.

4 — Atlas cantonal du département de la Seine, par Lefèvre. 1873, in-fol., demi-rel.

5 — Atlas de la banlieue de Paris. *Paris, Impr. Nat.*, 1880, 8 vol. in-fol. demi-rel.

6 — Atlas municipal des vingt arrondissements de Paris. 1882, in-fol., demi-rel.

7 — Atlas des égouts de la Ville de Paris. 1875, in-fol. demi-rel.

8 — Atlas administratif des égouts de la Ville de Paris. 1880, in-fol., demi-rel.

9 — Balzac. Œuvres complètes. *Paris, Houssiaux*, 1855, 20 vol. in-8°, demi-rel. *Fig.*

10 — Blanc (L.). Histoire de la Révolution française. *Paris, Langlois*, 1847-62, 12 vol. in-8°, demi-rel.

11 — Blanc (L.). Histoire de Dix ans. *Paris, Pagnerre*, 5 vol. in-8°, demi-rel.

12 — Catalogue des tableaux anciens de toutes les écoles, composant la collection de

M. de Beurnonville. *Paris*, 1881, in-4°, br. *Planches à l'eau-forte.*

13 — CATALOGUE des tableaux anciens et objets d'art composant la collection de M. Febvre. *Paris*, 1882, in-4°, br. *Planches à l'eau-forte.*

14 — CRUVEILHIER. Anatomie descriptive. *Paris*, 1851, 4 vol. in-8°, demi-rel.

15 — D'ALEMBERT. Œuvres. *Paris*, 1821, 5 vol. in-8°, demi-rel.

16 — DIRECTION des travaux de Paris. Service des eaux et égouts. *Paris*, 1881, 2 vol. in-fol. cart. *Planches.*

17 — FRÉDOL. Le Monde de la mer. *Paris*, *Hachette*, 1866, gr. in-8°, demi-rel. *Planches.*

18 — GAZETTE des hôpitaux. *Paris*, 1868-1876, 8 vol. in-4° et in-fol., demi-rel.

19 — Histoire générale de Paris. *Paris, Impr. Nat.*, 1874-1882, 8 vol. gr. in-4° cart. *Planches.*

Topographie du Vieux Paris. 2 vol. — Jetons de l'Échevinage parisien. — Étienne Marcel. — Métiers et corporations. Armoiries de la Ville de Paris. 2 vol. — Cabinet des manuscrits, tome III et planches.

20 — Hotel de Ville de Paris (Nouvel). Recueil de photographies en 1 vol. in-fol. obl., demi-rel.

21 — Hugo (V.) Œuvres. *Paris, Houssiaux*, 1860, 18 vol. Les Misérables, 10 tomes en 5 vol. — Les Travailleurs de la mer. 3 vol. Ens. 26 vol. in-8°, demi-rel. ch. vert. *Fig.*

22 — Inventaire général des œuvres d'art appartenant à la Ville de Paris. *Paris*, 1878. 4 vol. gr. in-8°, cart.

23 — La Fontaine. Fables illustrées par G. Doré, *Paris, Hachette*, 1868, in-4°, demi-rel., tr. dor.

24 — Martin (H.). Histoire de France. *Paris, Furne*. 1860, 17 vol. in-8°, demi-rel. ch. rouge. *Fig.*

25 — Michelet. Histoire de France. *Paris, Chamerot*, 1858-66, 15 vol. in-8°, br.

27 — Michelet. Histoire de la Révolution française. *Paris*, 1869, 6 vol. in-8°, br.

27 — Monuments élevés par la Ville de Paris, 1850-1880, par Marjoux. *Paris, Morel*, 1881, 2 vol. in-fol. en feuilles.

28 — Musset (A. de). Œuvres. *Paris, Charpentier*, 1859-67, 8 vol. in-12, demi-rel.

29 — Nélaton. Éléments de pathologie chirurgicale. *Paris*, 1844, 4 tomes en 3 vol. in-8°, demi-rel.

30 — Paris à travers les âges, aspects successifs des monuments et quartiers historiques de Paris, par P. Lacroix, Fournier, Bonnardot, Franklin, Dufour, etc. *Paris*,

*Didot*, 1875, 14 fascic. in-fol. ***Planches en couleurs.***

31 — Plan des conduites d'eaux de la Ville de Paris. 1875, in-fol., demi-rel.

32 — Proudhon. Œuvres. *Paris, Garnier et Lacroix*, 14 vol. in-12, rel. et br.

33 — Rousseau (J.-J.). Œuvres. *Paris, Deterville*, 1817, 18 vol. in-8°, demi-rel. *Fig. de Marillier et Cochin.*

34 — Saint-Simon (le duc de). Mémoires complets et authentiques. *Paris, Garnier*, 1853, 40 tomes en 20 vol. in-12, demi-rel. *Fig.*

35 — Shakespeare. Œuvres complètes, trad. par Montégut. *Paris, Hachette*, 1867, 3 vol. in-4°, demi-rel. *Fig.*

36 — Thiers. Histoire de la Révolution française. *Paris, Furne*, 1861, 10 vol. in-8° demi-rel. ch. noir. *Fig.*

37 — Ville de Paris (La). Journal. 1880-81, 3 vol. in-4°, demi-rel.

38 — Voltaire. Œuvres complètes. *Paris, Hachette*, 1859, 34 vol. in-12, br.

39 — Sous ce numéro, il sera vendu par lots environ 500 volumes anciens et modernes de médecine, littérature et histoire.

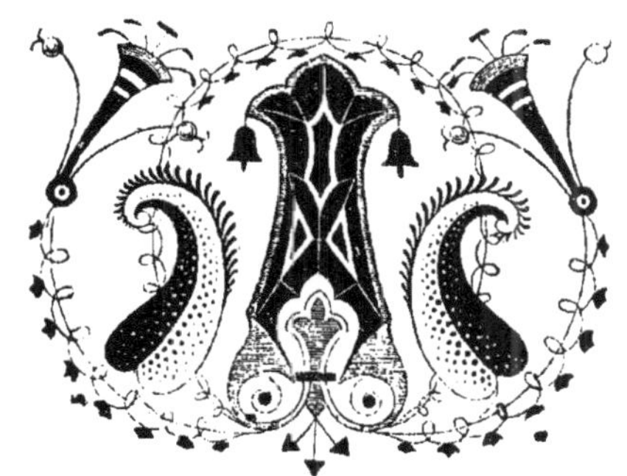

www.ingramcontent.com/pod-product-compliance
Ingram Content Group UK Ltd.
Pitfield, Milton Keynes, MK11 3LW, UK
UKHW020530180726
13839UKWH00005B/2428

9 782329 544489